W0411391

Armin Täubner

Lustige Drachen und Gespenster

Frech-Verlag Stuttgart

Hier eine Auswahl weiterer Titel zum Thema „Tiere aus Tonkarton":

Armin Täubner
Und los geht's
Tiere auf Rädern.
Fensterbilder aus Tonkarton
Alle Tiere haben sich einen fahrbaren Untersatz besorgt: Der Frosch fährt mit dem Dreirad, das Nilpferd balanciert auf dem Skateboard, das Schaf wird zum rasenden Go-Kart-Fahrer, und der Drachen düst auf dem Holzroller hinterher. Nur der nachdenkliche Elefant hat sich ein anderes Gefährt ausgesucht...
Leicht nachzuarbeiten.
Im großen A4-Format, 32 Seiten, viele Farbfotos und Vorlagenbogen.
TOPP 1653 ISBN 3-7724-1653-5

Armin Täubner
Her mit den Mäusen!
Mäuse-Fensterbilder aus Tonkarton
Mausgrau trägt hier keiner, denn es ist mächtig was los im Mauseloch!
Hier sind die Mäuse charmant, frech, sportlich, faul, witzig oder ganz eifrig. Durch die Verzierungen mit Plusterfarben sind die Fensterbilder plastisch und lebendig. Die Frisur von Frau Maus ist so ganz besonders locker, und die Schneemaus droht dahinzuschmelzen...
Im großen A4-Format, 32 Seiten, viele Farbfotos und Vorlagenbogen.
TOPP 1654 ISBN 3-7724-1654-3

Stand 1993

Fotos: Frech-Verlag GmbH + Co. Druck KG, 7000 Stuttgart 31 · Birgitt Gutermuth

Auflage: 5. 4. 3. 2. 1. | Letzte Zahlen
Jahr: 1997 96 95 94 93 | maßgebend

frech-verlag GmbH + Co. Druck KG, 7000 Stuttgart 31
ISBN 3-7724-1650-0 · Best.-Nr. 1650
Druck: Frech-Verlag GmbH + Co. Druck KG, 7000 Stuttgart 31

Seit vielen hundert Jahren existieren in der Phantasie der Menschen Drachen. Als echsenartige, oft geflügelte und feuerspeiende Fabeltiere erscheinen Drachen in den Helden- und Göttersagen vieler Völker.
So besiegt Siegfried, der Sagenheld des Nibelungenliedes, einen Drachen und wird durch ein Bad im Drachenblut unverwundbar.
Auch in der Bibel wird von einem Drachen berichtet, der rot ist, sieben Häupter und zehn Hörner hat.
Michael und seine Engel besiegen diesen Drachen.

Während der Drache in Europa das Böse, den Teufel und die Versuchung versinnbildlicht, ist er in Ostasien ein wohltätiges und glückbringendes Wesen.

Die Drachen und Gespenster, die sich hier tummeln, sind eher mit denen in Ostasien verwandt. Sie sind freundliche Wesen mit menschlichen Zügen: der kostenlose Drink der Happy Hour lockt auch den modernen Drachen, er speit sein Feuer, um einen leckeren Braten zu grillen, und Schwimmen geht er vorsichtshalber nur mit Schwimmring.

Welcher Drache darf demnächst an Ihrem Fenster seinen Charme und sein Feuer versprühen?

Fensterbilder

Material:
Ton- und Fotokarton in verschiedenen Farben, Gewicht 250-300 g/qm; weißes Transparentpapier (Architektenpapier); Butterbrotpapier für Schablonen

Werkzeug:
Mittelgroße, spitze Schere; Nagelschere; Cutter mit Schneideunterlage; Zirkel; Klebstoff; Bleistift; Kugelschreiber; Geo-Dreieck; Garn; Vorstechnadel zum Einstechen der Aufhängelöcher

1. Abpausen und Übertragen der Motive

Es gibt zwei Möglichkeiten:

Schablonen herstellen:
Die einzelnen Teile werden ohne Überschneidungen von der Schnittvorlage nebeneinander auf Butterbrotpapier oder weißes Transparentpapier mit Bleistift abgepaust. Die gepausten Teile nun auf einen dünnen Karton kleben und exakt ausschneiden. Diese Schablonen werden auf den Tonkarton gelegt und die Umrisse mit Bleistift nachgezogen.

Direktübertragung auf Tonkarton:
Die Teile der Schnittvorlage werden mit Bleistift ohne Überschneidungen auf kräftiges weißes Transparentpapier gepaust. Dieses Papier direkt auf den Tonkarton legen. Mit einem Kugelschreiber werden die Umrisse der Einzelformen nachgezogen. Die Konturen drücken sich in den Karton ein und können direkt ausgeschnitten werden.

2. Das Ausschneiden

Der überwiegende Teil der Schneidearbeit wird mit dem Cutter oder Bastelmesser ausgeführt. Diese Messer haben verschiebbare Klingen. Ist die Spitze der Klinge stumpf, wird sie einfach abgebrochen und die Klinge nachgeschoben. Mit dieser Klinge können exakte Schnitte an den für Scheren schwer bzw. unzugänglichen Stellen ausgeführt werden.
Das Messer halten Sie beim Schneiden wie einen Kugelschreiber. Vorher müssen Sie allerdings unter den Tonkarton eine Schneideunterlage aus dem Fachhandel legen. Zur Not genügt auch ein dicker Karton. Ist die Kartonunterlage durch viele Schnitte zerfurcht, sollte sie ausgewechselt werden, weil sonst die Klinge beim Schneiden evtl. abgelenkt wird.
Die Umrisse der Fensterbilder werden meist mit der Schere nachgeschnitten.

3. Nach oben gewölbte Kartonränder

Sie entstehen, wenn Kartonformen mit dem Messer ausgeschnitten werden. Auf diese Stellen einfach einen Bogen Papier legen, und die Ränder mit dem Fingernagel kräftig nachziehen. Durch das aufgelegte Papier werden die geglätteten Ränder nicht speckig.

4. Gestaltung von Vorder- und Rückseite des Fensterbildes

Im Buch wird stets beschrieben, wie die Vorderseite des Fensterbildes gearbeitet ist.
Bei frei hängenden Motiven werden die meisten Teile doppelt geschnitten und in derselben Reihenfolge wie auf der Vorderseite, jedoch spiegelverkehrt, angeklebt.

Tip:
Für das Aufzeichnen der Drachengesichter, für Holzstrukturen und Mauerwerk eignet sich am besten ein Tuschefüller mit der Strichstärke 0,5 mm, für sehr feine Linien auch 0,25 mm.

Pluster-Pen

Plusterfarben wurden ursprünglich für den textilen Bereich entwickelt. Charakteristisch für Plusterfarben ist, daß sie unter Hitzeeinwirkung aufquellen. Dies geschieht bei Textilien durch Bügeln der Rückseite, bei bemalten Kartons durch Fönen von vorne.
Diese Farben können natürlich auch auf andere Oberflächen, z.B. Holz, Stroh, Glas etc. aufgetragen und durch Fönen zum Quellen gebracht werden.
Plusterfarben werden entweder mit dem Pinsel oder mit dem sogenannten Pluster-Pen aufgetragen. Für die Verzierung von Fensterbildern verwendet man vorwiegend den Pluster-Pen, denn mit ihm können sowohl Punkte als auch Linien, Strukturen und kleinere Flächen gemalt werden.
Bevor der Pluster-Pen gezielt beim Basteln eingesetzt werden kann, sollten Sie seine Eigenschaften auf einem Probekarton kennenlernen. Dazu werden einige Punkte, Linien, Buchstaben, Strukturen und eine kleine Farbfläche auf den Karton aufgetragen. Nun sollte die Farbe mehrere Stunden auftrocknen. Wird dann die Farbe schräg von der Seite auf höchster Stufe gefönt, wird sie etwas heller und quillt auf. Anschließend werden dieselben Punkte, Linien und Flächen daneben nochmals aufgetragen und sofort gefönt. Der Plustereffekt ist bei der zweiten Methode deutlich größer und die Struktur erinnert ein wenig an Frotteestoff.
Größere Flächen lassen sich nur dann relativ gleichmäßig plustern, wenn der Farbauftrag gleichmäßig ist und wenn die Farbe vor dem Fönen durchtrocknen kann. Andererseits ist bei manchen Flächen die unregelmäßige Oberflächenstruktur erwünscht.
Ein wichtiger Punkt ist, daß sofort geplusterte Flächen bei mehrmaligem Fönen unregelmäßig dunkler werden und etwas an Volumen verlieren können. Diese Plusterflächen sind auch nicht so strapazierfähig wie gefönte Flächen, deren Farbe vorher mehrere Stunden auftrocknen konnte.

Die süßesten Früchte...

Vor dem großen Berg (gestrichelte Linie) das Vulkanpaar (Strich-Punkt-Linie) fixieren. Als nächstes den Baum zusammenkleben und vor dem kleineren Vulkan anordnen. Davor die Wiesenfläche (durchgezogene Linie) anbringen.
Am Drachenkörper beidseitig Ohren und Flügel befestigen. Die drei Beine von vorne, die Zunge von hinten ankleben.
Die oberen Flügelränder und die Zehennägel mit Filzstift orangerot anmalen. Anschließend das Drachengesicht aufzeichnen.
Den Drachen auf der Wiese plazieren. Zum Schluß das Bild noch mit Pluster-Pen überarbeiten.

Zeichnungen siehe Vorlagenbogen

Graben wir uns eine neue Höhle?

Am Vulkan von hinten die Flammen anbringen. Von vorne den Türrahmen (Strich-Punkt-Linie) sowie das Namensschild, die Pflanze und die Steine ankleben. Die Tür mit den aufgeklebten Bändern und der Klinke erst später befestigen. Auf Türrahmen und Tür mit einem Tuschefüller (Strichstärke 0,25 mm) die Holzmaserung zeichnen.
Bei den Drachen die Ohren und die Hinterbeine beidseitig am Rumpf fixieren. Flügel und Vorderbeine nur von vorne aufkleben. Rückenkamm und Krallen mit einem dunkelgrünen Filzstift anmalen. Den aufrechtstehenden Drachen, der die Schaufel hält, am Türrahmen plazieren und nun die Tür anbringen. Den zweiten Drachen am Vulkan befestigen.
Nun können Einzelheiten des Fensterbildes mit Pluster-Pen hervorgehoben werden.

Ergänzende Zeichnungen
siehe Vorlagenbogen

Fugur
und
Drago

Nur Fliegen ist schöner

Auf das grüne Rumpfteil (durchgezogene Linie) zuerst das gelbe Brust-Bauchteil und den Haarschopf (gestrichelte Linien) kleben. Als nächstes die Zunge am Kopf und das Tuch am Drachenschwanz (gestrichelte Linien) fixieren. Anschließend Vorder- und Hinterbeine (Strich-Punkt-Linien) sowie Ohr und Flügel (punktierte Linien) anbringen.

Den Drachen auf das Skateboard stellen und von unten die Räder ankleben.
Mit einem feinen, schwarzen Filzstift oder Tuschefüller das Drachengesicht aufmalen. Abschließend Haarschopf, Flügel, Schwanzende und Hinterfüße mit Pluster-Pen bemalen.

Zeichnungen siehe Vorlagenbogen

Eins, zwei, Wiegeschritt

An den Drachenköpfen beidseitig und leicht versetzt Vorder- und Hinterbeine sowie Flügel, Ohren und Hörner anbringen. Mit einem Tuschefüller die Drachenkörper bis auf Gesicht, Ohren, Nackenkamm und Krallen mit schwarzen Punkten versehen. Anschließend die Gesichter aufmalen und die Flügel verzieren.
Die beiden Drachen auf die Wiese kleben. Mit Pluster-Pen Blumen auf die Wiese malen und auf die Drachenkörper rote Punkte auftupfen.

Zeichnungen siehe Vorlagenbogen

Hallo, ihr da!

Am gelben Rumpf beidseitig Vorder- und Hinterbeine sowie die Ohren anbringen.
Auge und Wangenrundung mit einem Tuschefüller oder Filzstift aufmalen. Anschließend den Drachen mit einem grünen Pluster-Pen verzieren.

Zeichnungen siehe Vorlagenbogen

Obsttag

Am roten Rumpf (durchgezogene Linie) den weißen Haarschopf (gestrichelte Linien) und den Latz (Strich-Punkt-Linie) fixieren. Als nächstes das linke Vorderbein mit der Birne anbringen. Die beiden Hinterbeine von vorne bzw. von hinten am Rumpf ankleben.

Mit einem schwarzen Filzstift oder Tuschefüller das Drachengesicht aufmalen. Den Birnenstiel grün anmalen. Mit einem weißen Pluster-Pen den Haarschopf bemalen, die Rückenlinie und die Zehen nachziehen und den Rumpf betupfen.

Zeichnungen siehe Vorlagenbogen

Gespensterstunde

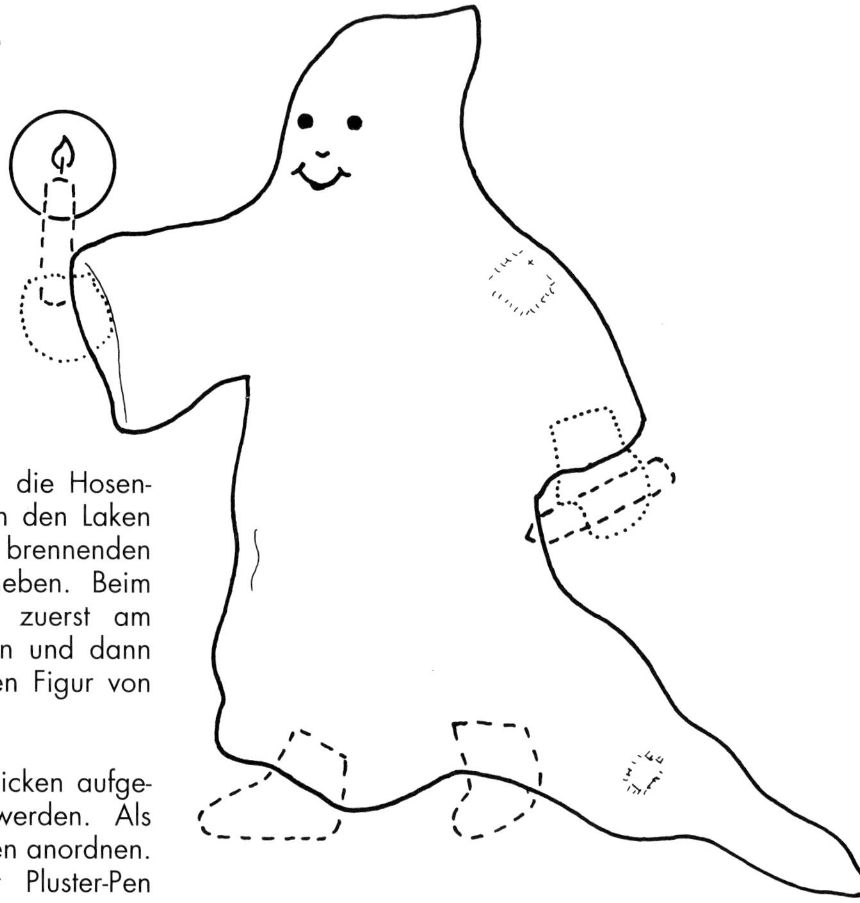

Die Tannen auf der braunen Bodenfläche fixieren.
An der mittleren Tanne von hinten den Mond befestigen.

Beim Hundegespenst das Bettlaken auf den Körper kleben. Anschließend das Ohr und den Flicken anbringen, das Gesicht aufmalen.

Bei den beiden anderen Gespenstern die Hosenbeine bzw. die Schuhe von hinten an den Laken fixieren. Die rechten Hände mit den brennenden Kerzen von vorne an die Laken kleben. Beim mittleren Gespenst die linke Hand zuerst am Ärmelstück (punktierte Linie) befestigen und dann am Laken. Die linke Hand der rechten Figur von hinten am Laken fixieren.

Auf die Laken können einige bunte Flicken aufgeklebt oder mit Filzstift aufgemalt werden. Als nächstes die Gespenster vor den Tannen anordnen. Das Fensterbild nach Belieben mit Pluster-Pen verzieren.

Ergänzende Zeichnungen siehe Vorlagenbogen

Auf Fischfang

Am Drachenrumpf (durchgezogene Linie) Haarschopf, Flügel und Hinterbeine (gestrichelte Linien) anbringen. Den Drachen auf das gelbe Bootsteil (gestrichelte Linie) kleben. Nun das hellrote (durchgezogene Linie) und dann das dunkelrote (punktierte Linie) Bootsteil befestigen.
Als nächstes den Schirmstock zwischen das hellrote und das dunkelrote Schirmteil kleben. Das Drachenvorderbein hält den Schirm. Nun wird das Boot auf der Wasserfläche angebracht.

Mit Pluster-Pen die Rückenlinie und die oberen Flügelränder nachziehen. Den Haarschopf ebenfalls mit Pluster-Pen bemalen. Die Angelschnur mit Pluster-Pen oder Filzstift aufzeichnen. Für die Wellen einen weißen Kreidestift verwenden. Das Gesicht des Drachen und die Schirmsegmente werden mit Filzstift aufgemalt.

Zeichnungen siehe Vorlagenbogen

Das Wandern ist des Drachen Lust

Am grünen Drachenrumpf (durchgezogene Linie) zuerst das gelbe Brust-Bauchteil und den Haarschopf (gestrichelte Linien) ankleben. Anschließend das Halstuch und das rechte Vorderbein (punktierte Linien) samt Wanderstock anbringen. Die linke Hand (punktierte Linie) über dem Wanderstock befestigen. Das weiße Bündel am Stock fixieren. Nun die Flügel (gestrichelte Linie) und das rechte Hinterbein befestigen. Den zweiteiligen Hut und schließlich das Ohr (punktierte Linie) am Kopf ankleben.

Mit einem schwarzen Filzstift oder Tuschefüller das Drachengesicht aufmalen.
Die gewellte Rückenlinie, die Flügelränder, den Haarschopf und den Wanderstock können Sie abschließend noch mit Pluster-Pen bemalen.

Zeichnungen siehe Vorlagenbogen

Flower Power

Auf den grünen Rumpf (durchgezogene Linie) den weißen Haarschopf und das Brust-Bauchteil (gestrichelte Linien) kleben. Nun die beiden Blumenstiele und das Ohr am Haarschopf fixieren, bevor das Stirnband befestigt wird.
Als nächstes das linke Hinterbein sowie das Vorderbein (punktierte Linien) samt Blumenstiel anbringen.
Die Blüten auf die Stiele kleben.

Den Drachen zusammen mit der Blütenstaude auf der Bodenfläche fixieren. Mit einem schwarzen Tuschefüller das Drachengesicht aufmalen.
Zum Schluß den Haarschopf, die Blüten und die Bodenfläche mit Pluster-Pen bemalen bzw. verzieren.

Ergänzende Zeichnungen siehe Vorlagenbogen

Guten Appetit

Am gelben Rumpf (durchgezogene Linie) von hinten das Schwanzteil (punktierte Linie) anbringen. Nun am Schnauzenteil (gestrichelte Linie) von hinten den Unterkiefer (punktierte Linie) und von vorne die Zunge (Strich-Punkt-Linie) fixieren. Anschließend die Schnauze am Kopf befestigen. Die weiße Serviette (gestrichelte Linie) am Drachenhals ankleben.

Als nächstes die Vorderbeine samt angebissenem Apfel anbringen. Die Hinterbeine mit den braunen Sohlen aufkleben. Jetzt den Drachen auf die Grünfläche setzen und davor die Äpfel anordnen.
Mit einem schwarzen Filzstift das Drachengesicht aufmalen. Schwanz, Flügel und Ohren mit einem braunen Filzstift bemalen. Nach Belieben den Drachen mit Pluster-Pen verzieren.

Ergänzende Zeichnungen siehe Vorlagenbogen

Be happy

Am schwarzen Holzgestell des Sofas (durchgezogene Linie) von hinten zuerst die Sitzfläche (Strich-Punkt-Linie), dann die Armlehnen (punktierte Linie) und schließlich die Rückenlehne (gestrichelte Linie) anbringen.
Die Ohren beidseitig am Drachenkopf befestigen. Als nächstes die Flügel sowie das Hinterbein und die Vorderbeine ankleben.
Mit Tuschefüller das Gesicht aufmalen. Den Drachen auf das Sofa legen.

Die Umrisse des Sofas mit einem roten Pluster-Pen nachziehen, den Rückenkamm grün anmalen und den Körper mit Punkten verzieren.

Zeichnungen siehe Vorlagenbogen

Flugstunde

Zeichnungen siehe Vorlagenbogen

Die Rückenkämme der Drachen sowie die Krallen mit einem Filzstift dunkelgrün anmalen. Ohren, Flügel, Vorder- und Hinterbeine beidseitig an den Rümpfen fixieren. Für das Aufmalen der Gesichter einen Tuschefüller verwenden.
Beim kleinen Drachen die Zunge von hinten im Maul befestigen. Die beiden Drachen auf die Wolke kleben und die Sonne von hinten fixieren.
Für die Punkte auf den Drachenrümpfen sowie für die Konturen der Wolke grüne bzw. weiße Plusterfarbe verwenden.

Geisterstunde

Die Steine des Gemäuers können entweder individuell aufgezeichnet werden, dann muß nur die äußere Umrißlinie (durchgezogene Linie) auf braunen Karton übertragen werden. Sollen die Steine jedoch genauso wie auf der Abbildung aussehen, muß das ganze Gemäuer, Stein für Stein, auf dickes Transparentpapier abgepaust werden.

Auf das dunkelbraune Holztor die schwarzen Bänder und die Klinke kleben. Mit einem feinen Tuschefüller die Holzstruktur aufzeichnen.
Zwischen Torrahmen (durchgezogene Linie) und Tor (gestrichelte Linie) zwei Gespenster kleben. Das dritte Gespenst vor dem Tor fixieren.
Die Konturen der Gespenster und das Tor mit Pluster-Pen verzieren.

Zeichnungen siehe Vorlagenbogen

Feuerzauber

Am Drachenkopf den Feuerstrahl ankleben. Anschließend die Beine am Rumpf fixieren. Einen Flügel von vorne, den anderen etwas versetzt von hinten am Rücken befestigen.
Mit einem dunkelroten Filzstift die Rückenlinie nachziehen, die Krallen bemalen und den Rumpf betupfen. Mit einem Tuschefüller das Drachengesicht aufmalen.

Den Vulkan auf die Grünfläche kleben und davor den Drachen plazieren. Die Flammen und den Drachen mit gelben und orangeroten bzw. roten Plusterfarben überarbeiten.

Zeichnungen siehe Vorlagenbogen

Huuuh

Auf den gemauerten Fensterrahmen (durchgezogene Linie) die schwarze Fensteröffnung (gestrichelte Linie) und schließlich das Gespenst kleben.
Von hinten die dunkelblaue Wolke befestigen. Die Eule auf den Fensterbogen setzen und an der Wolke Mond und Sterne fixieren. Zwei kleine Kreuze markieren die Einstichstellen für den Zirkel zum Zeichnen des Mondes.

Mit einem Tuschefüller das Gespenstergesicht, den Eulenschnabel, die Pupillen der Eule und die Federn aufzeichnen. Die Umrisse der Steine ebenfalls mit dem Tuschefüller nachziehen.

Zeichnungen siehe Vorlagenbogen

Streifen machen schlank

Mit einem roten Filzstift Streifen auf den orangefarbenen Rumpf malen. Als nächstes Flügel und Beine leicht versetzt von vorne bzw. von hinten am Rumpf fixieren. Am Kopf Zunge und Haarschopf befestigen.
Die Flügel ebenfalls mit dem roten Filzstift verzieren. Für das Drachengesicht einen schwarzen Tuschefüller verwenden.
Den Drachen auf die Wolke kleben. Mit einem schwarzen Filzstift oder Pluster-Pen den Drachen bemalen.

Zeichnungen siehe Vorlagenbogen

Happy hour

Auf den gelben Rumpf (durchgezogene Linie) das rote Brust-Bauchteil und den Haarschopf (gestrichelte Linien) kleben. Als nächstes das linke Hinterbein sowie die Vorderbeine samt Glas anbringen.
Mit einem schwarzen Filzstift oder Tuschefüller das Drachengesicht aufmalen.
Abschließend mit einem roten Pluster-Pen den Drachen beliebig verzieren.

Zeichnungen siehe Vorlagenbogen

Naturgrill

Den Rückenkamm des Drachens mit einem dunkelgrünen Filzstift anmalen. Als nächstes den zweiteiligen Feuerstrahl sowie die Ohren und die Hörner am Drachenkopf fixieren.
Mit einem schwarzen Tuschefüller das Drachengesicht aufmalen. Nun die Hinterbeine und anschließend die Vorderbeine mit dem Bratenstock anbringen. Den Braten von hinten am Feuerstrahl fixieren.
Für das Anmalen der Krallen und der Ohrränder ebenfalls einen dunkelgrünen Filzstift verwenden. Mit Pluster-Pen den Schlußakzent setzen.

Zeichnungen siehe Vorlagenbogen

Wasser marsch!

Am Drachenkopf die Trennlinie zwischen Ober- und Unterkiefer aufzeichnen. Anschließend den Schnorchel samt Taucherbrille ankleben. Nun die Ohren befestigen.
Badehose und Schwimmring (gestrichelte Linien) vor dem Aufkleben mit Filzstiften bemalen. Als nächstes Vorderbeine (Strich-Punkt-Linie) und Flügel (punktierte Linie) anbringen.
Abschließend kann der Drache noch mit Pluster-Pen bemalt werden.

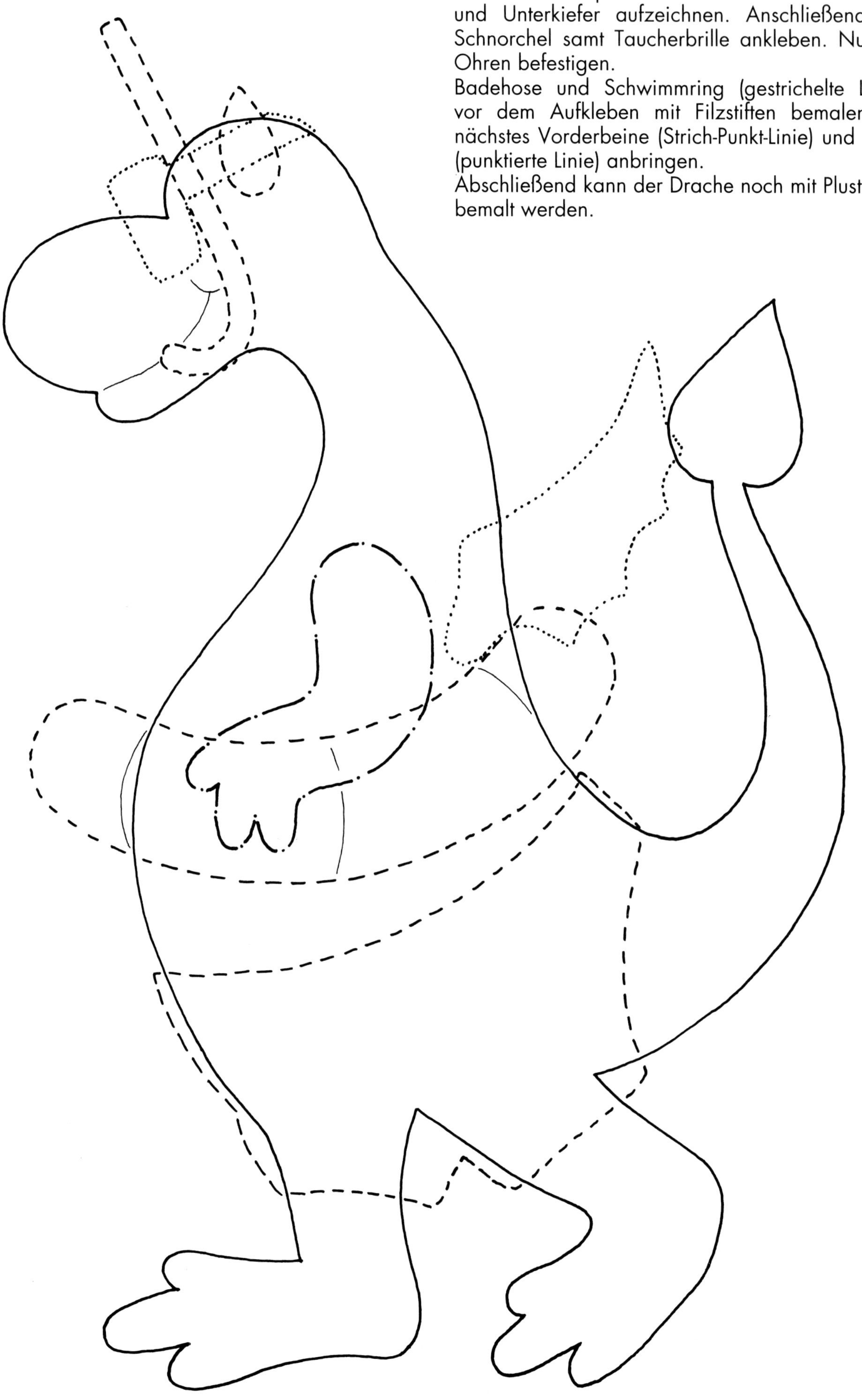

Im Gespensterschloß

Das Tor (durchgezogene Linie) samt Mauerwerk auf braunen Karton übertragen. Nun die schwarze Toröffnung (Strich-Punkt-Linie) aufkleben. Anschließend das Gespenst fixieren.

Mit einem schwarzen Tuschefüller das Gesicht aufmalen und die zuvor in den braunen Karton eingedrückten Linien des Mauerwerks nachzeichnen. Die Spinnweben mit einem weißen Kreidestift aufzeichnen.

Abschließend können die Mörtelfugen zwischen den Steinen sowie die Umrißlinie des Gespenstes mit Pluster-Pen bemalt bzw. nachgezogen werden.

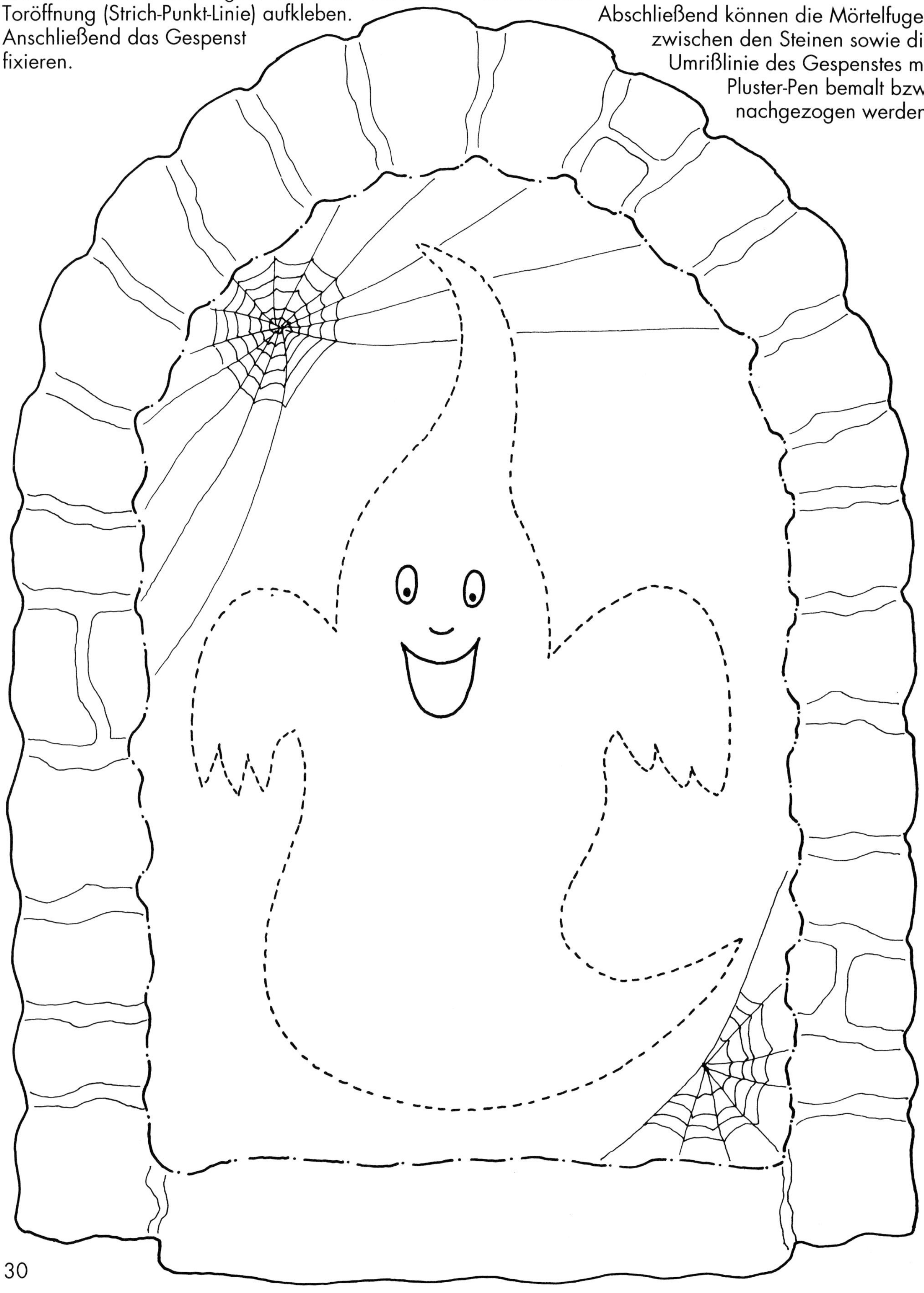

Drachenbaby

Am Berg (Strich-Punkt-Linie) zuerst die Höhlenöffnung (gestrichelte Linie) und dann die Grünfläche (durchgezogene Linie) befestigen.
Beine, Flügel und Ohren leicht versetzt von vorne bzw. von hinten am Rumpf anbringen.
Mit einem schwarzen Tuschefüller das Drachengesicht und die Konturen der Zehennägel aufmalen. Anschließend mit einem orangefarbenen Filzstift die Zehen bemalen und die oberen Flügelränder nachziehen.
Drachen und Grasfläche mit Pluster-Pen verzieren.

Zeichnungen siehe Vorlagenbogen